L'HIÉROGAMIE.

L'HIÉROGAMIE
DE CRETE
HYMNE

DE M. LE CHEVALIER
VINCENT MONTI

A PARIS
DE L'IMPRIMERIE DE P. DIDOT L'AINÉ
M. DCCCX

A SA MAJESTÉ

NAPOLÉON IER

EMPEREUR DES FRANÇAIS, ROI D'ITALIE,

PROTECTEUR DE LA CONFÉDÉRATION DU RHIN,

ETC., ETC.

SIRE,

Les noces sacrées de Jupiter, célébrées dans la Crete, en présence de tous les Dieux, et appelées hiérogamie, sont un sujet sublime qui exerça fréquemment la lyre des poëtes anciens.

La pensée humaine, désespérant de trouver hors des champs de l'imagination l'idée de votre grandeur, SIRE, ne soyez point surpris si les Muses, malgré leur génie divin, sont obligées de se couvrir devant Votre Majesté du voile ingénieux de l'allégorie; l'allégorie n'est d'ailleurs que le langage modeste de la vérité respectueuse, et l'hiérogamie du plus grand des mortels ne pouvoit dignement être représentée que par celle du plus grand des Dieux.

Le Jupiter tonnant d'Homere n'a pas dédaigné, SIRE, de prêter une oreille favorable à l'hymne mystérieux des Muses grecques. Votre Majesté ne dédaignera pas non plus d'écouter avec bonté le chant respectueux que les Muses italiennes, dans une circonstance toute semblable, osent essayer au pied de votre trône.

J'ai l'honneur d'être avec un profond respect,

de Votre Majesté,

SIRE,

Le très humble, très dévoué,
et très fidele sujet

VINCENT MONTI.

HYMNE.

Le silence de l'Olympe est troublé et par les hennissements bruyants des coursiers et par le roulement retentissant et prolongé des chars rapides : les Immortels descendent aux rives de Gnossus, pour y célébrer avec solennité le nouvel hymen du Maître des Dieux. [1]

Sur le sommet du mont Dicté, là où Jupiter naissant fit entendre ses premiers cris, la Victoire aux ailes légeres et la Paix généreuse qui suit les triomphateurs, avoient établi son trône.

Il s'élevoit sur une base inébranlable de diamants, et au-dessus étoit écrit : *Il le doit à la valeur et non à la fortune.* [2] Ce trône, d'un travail merveilleux, resplendissoit de l'or le plus pur.

On y voyoit représenté ces luttes meurtrieres et glorieuses qui préservèrent le Ciel de la fureur de ses propres enfants, et celle de Phlegra, où les foudres forgés par les Cyclopes firent payer si cher aux Géants [3] l'audace insensée d'avoir osé provoquer le fils de Saturne.

Ailleurs, on voyoit Minerve s'élancer tout armée du cerveau sacré de Jupiter, se placer à ses côtés, préparer le char, le redoutable bouclier, et le foudre si terrible dans les combats.

L'aigle superbe, les serres recourbées et chargées de traits enflammés, déploie et agite ses vastes ailes au milieu de la poudre que fait voler de toutes parts la funeste mêlée, et il jouit avec orgueil du fracas des montagnes d'Ossa et de Pangée, tombant, roulant, et écrasant l'audacieux Tiphée.

D'un autre côté du trône étoient figurées les œuvres de paix du Dieu : les lois saintes envoyées sur la terre pour le bonheur des mortels, les Arts aimables, et les Muses conservatrices des beaux faits, qui se plaisent loin du séjour tumultueux des profanes.

Une splendeur nouvelle environne et protège le sceptre affermi des Rois justes : la Honte et la Confusion brisent et foulent aux pieds celui des orgueilleux; car Jupiter, à la fois père et souverain des Souverains du Monde, juge avec sévérité leurs actions, et en scrute même jusqu'à la pensée[4].

Le Maître des Dieux, assis sur le trône d'or, salue l'auguste Junon, *Epouse* et *Reine;* et l'on voit en même temps un sourire majestueux errer sur ses levres. Ce sourire vivifie le Monde et fait tressaillir d'alégresse et d'amour la Nature et le cœur des Immortels.

Le groupe aérien des Heures se presse autour de lui, et mêle à sa noire chevelure parfumée d'ambroisie, la feuille prophétique de Dodone : la riante Hygie, dont le bras odorant et de neige, est enlacé du serpent sacré, répand sur son visage une éternelle jeunesse[5].

Heureuse d'être la compagne auguste du plus grand des Dieux, et l'Impératrice des Immortels, Junon tressaille de joie, orgueilleuse d'un si beau sort; et l'Amour, qui lui parle bas à l'oreille, lui prête encore de nouveaux charmes.

Chaque Divinité présente son hommage; l'aimable Vénus lui donne sa ceinture; les Graces, le voile de la pudeur; le Dieu qui porte le caducée, ce langage qui touche et persuade; et la prudente Minerve, la Vertu, qui voit, et garde le silence.

Le chant des Muses se fit ensuite entendre: eh! quelle fête est jamais complete, si la voix des Muses n'y mêle ses doux sons! Le contentement paroissoit briller dans les traits de la divine Thémis; et elle sembloit se dire : c'est par moi que l'alégresse regne en ces lieux; c'est par moi que la terre est heureuse[6]!

Mais quelle nuée épaisse et noire s'étend et couvre tout-à-coup la vaste Egée? Le réformateur puissant du monde a posé la foudre pour jouir en liberté des fêtes du céleste Hyménée; mais les rayons de ce dard terrible étincellent encore.

Du mont escarpé d'Ida, où ce foudre enflammé repose, il jette sans cesse au loin des flots d'éclairs et de fumée: les eaux du torrent Triton en écument; et, malgré leur distance, les fleuves Oasse et Terron sentent frémir et bouillonner l'onde dans leurs urnes humides.

Les vagues des deux mers, agitées sans un souffle de vent, mugissent épouvantées, et Neptune effrayé s'étonne de sentir le trident trembler dans sa main. Si tels sont les jeux du Maître du Tonnerre, quand il se livre aux douceurs d'Hyménée, que sera-ce s'il reprend la foudre?

Divines nourrices de Jupiter, abeilles du mont Panacré, ah! laissez tomber sur mes vers, de la cime du Dicté, une goutte de ce miel savoureux qui servit d'aliment au Roi du Ciel, pour que mon auguste Souverain, qui a l'ame de Jupiter, trouve quelque charme à les entendre[7]!

NOTES.

[1] La Mythologie et Ammien Marcellin, livre II, nous apprennent que Jupiter, avant d'épouser Junon, eut pour femme la déesse Thémis, fille du Ciel; laquelle séparée de son lit, mais non de son cœur, fut toujours en grand honneur près de lui, comme Déesse de la Justice et de la Bienfaisance.

Les nouvelles noces de Jupiter avec Junon (auxquelles, à cause de leur sainteté, on donne le nom d'*Hiérogamie*) furent célébrées en Crete, dans le territoire de Gnossus, où chaque année il y avoit une fête solennelle en mémoire de ce grand évènement. Voyez Diodore, liv. V; et Meursius, t. III, page 412, édit. de Florence.

[2] L'Idée est tout entiere de Callimaque: *Ce ne fut pas, ô Jupiter, le hasard qui te fit Roi des Cieux; mais la valeur qui te mit en possession de ton trône.* Hym. à Jupiter, vers 65 et suiv.

[3] Les guerres de Jupiter contre les Titans et les Géants, que beaucoup d'auteurs confondent en une seule, sont deux faits très séparés. La premiere fut une guerre céleste et civile; la seconde une guerre

terrestre et extérieure. Jupiter en ayant heureusement délivré l'Olympe, la reconnoissance universelle des Dieux lui décerna la couronne du Ciel.

[4] *Jupiter est le maître des Rois.... Placés par toi à la garde des royaumes, tu scrutes sévèrement du haut de ton trône leurs bonnes et leurs mauvaises actions.* CALLIMAQ., Hymn. *précitée*, 8, 79, et suiv.

[5] C'est sous ces emblêmes et sous les mêmes traits que le célebre Appiani a représenté Jupiter en repos, couronné par les Heures et assis à côté de Junon, dans un tableau allégorique qui doit être placé dans le cabinet de S. M. l'Empereur et Roi. Cette peinture est d'une beauté parfaite.

[6] Voyez la premiere note.

[7] A l'égard des abeilles Panacrides, nourrices de Jupiter, voyez CALLIMAQUE, dans l'Hymne déja cité, vers 50, et VIRGILE, liv. IV des Géorg., vers 152.

FIN.

www.ingramcontent.com/pod-product-compliance
Lightning Source LLC
LaVergne TN
LVHW021711230826
846092LV00002BA/958

* 9 7 8 2 0 1 9 9 8 3 2 5 3 *